솔거나라는 이 땅의 어린이를 위한 우리 문화 그림책입니다. 솔거나라에는 의식주, 신화와 신앙, 의례와 풍속, 예술과 놀이, 과학 기술에 이르기까지 우리 민족이 오랜 세월 가꾸어 온 우리 문화가 온전히 담겨 있습니다.

지혜라

충남 예산에서 나고 서울에서 자랐습니다. 대학에서 일본 문학을 전공하였고,
중요무형문화재 제109호 화각장 기능 보유자 이재만의 문하에서 오 년간 화각공예를 배웠으며,
한국 일러스트레이션 학교에서 일러스트레이션을 공부했어요. 1999년 대한민국전승공예대전에
화각 가께수리를 출품하여 장려상을 받았습니다. 지금은 일러스트레이터로 활동합니다.
이 책에는 소뿔을 깎고 각지에 그림을 그리고 인두질하던 화각 공예가로서의 경험이 고스란히 담겨 있어요.
소뿔에 그림을 그리든 종이에 그림을 그리든 그림 그리는 일은 언제나 즐겁고도 어렵습니다. 공예품이든
책이든 모두 여러 사람들의 정성 어린 손길이 수백 번, 수천 번 닿아야 만들어진다는 걸 새삼 깨닫습니다.

솔거나라
화각 삼층장 이야기
ⓒ 지혜라 2011
초판 1쇄 발행 2011년 12월 26일
초판 4쇄 발행 2019년 5월 10일
글·그림 지혜라 | 기획 최정선
편집 10302 | 디자인 유상현 | 펴낸이 권종택
펴낸곳 ㈜보림출판사 | 출판등록 제406-2003-049호
주소 10881 경기도 파주시 광인사길 88 (문발동)
전화 031-955-3456 | 팩스 031-955-3500
홈페이지 www.borimpress.com
ISBN 978-89-433-0883-4 77810

이 책은 저작권법에 따라 보호받는 출판물입니다. 이 책의 내용 일부나 전부를 옮겨 싣거나
다시 쓰려면 반드시 저작권자와 출판사 양쪽의 허락을 받아야 합니다.

이 도서의 국립중앙도서관 출판시도서목록(CIP)은 e-CIP홈페이지(http://www.nl.go.kr/ecip)와
국가자료공동목록시스템(http://www.nl.go.kr/kolisnet)에서 이용하실 수 있습니다.
(CIP제어번호: CIP 2011004918)
⚠ 주의 책 모서리가 날카로우니 던지거나 떨어뜨리지 마세요.(사용연령 3세 이상)

화각 삼층장 이야기

지혜라 글·그림

보림

먼 곳에서 온 손님

복사꽃 만발한 봄날입니다. 솜씨 좋기로 이름난
장인들이 모여 사는 마을에 손님이 찾아왔습니다.
홀아비 손으로 고이고이 키운 외동딸이
이듬해 봄에 시집을 간대요.
꽃처럼 고운 새색시에게 어울리는 고운 물건,
평생토록 가까이 두고 쓸 쓸모 많은 물건을
만들어 달라는 주문입니다.
그렇다면 화각 삼층장이 제격이지요.

화각은 소뿔을 얇게 갈아서 종잇장처럼 만들어
예쁜 그림을 그린 거예요. 나무로 짠 삼층장에
화각으로 옷을 입히면 화각 삼층장이 됩니다.
장인 마을 장인들이 머리를 맞대고 궁리를 합니다.
소뿔을 다루는 각질장, 나무로 가구를 만드는 소목장,
그림을 그리는 화원, 옻칠을 하는 칠장,
쇠붙이로 가구 장식을 만드는 두석장이 모였습니다.
화각 삼층장을 만들려면 솜씨 좋은 장인들 여럿이
힘을 모아야 하거든요.

눈썰미 좋고 손끝 야무진 장인들이 저마다
맡은 일을 시작했습니다. 생각할 것도 많고
마련할 것도 많아요.
미리미리 장만해 둘 재료도 있고, 연장도
꼼꼼하게 손질해야 합니다. 아주 귀하고
특별한 물건을 만들 거니까요.

소목장, 삼층장을 짜다

먼저 소목장이 여러 해 묵혀 잘 말린 목재로
삼층장을 짭니다. 오랜 세월을 견딘 목재로
장을 만들어야 뒤틀리거나 휘어지지 않거든요.
나무는 홍송을 골랐습니다. 홍송은 잣나무예요.
잣나무는 나뭇결이 곱고 연해서 소뿔이 잘 붙고
갈라지지 않아요.

몸체 맞추기

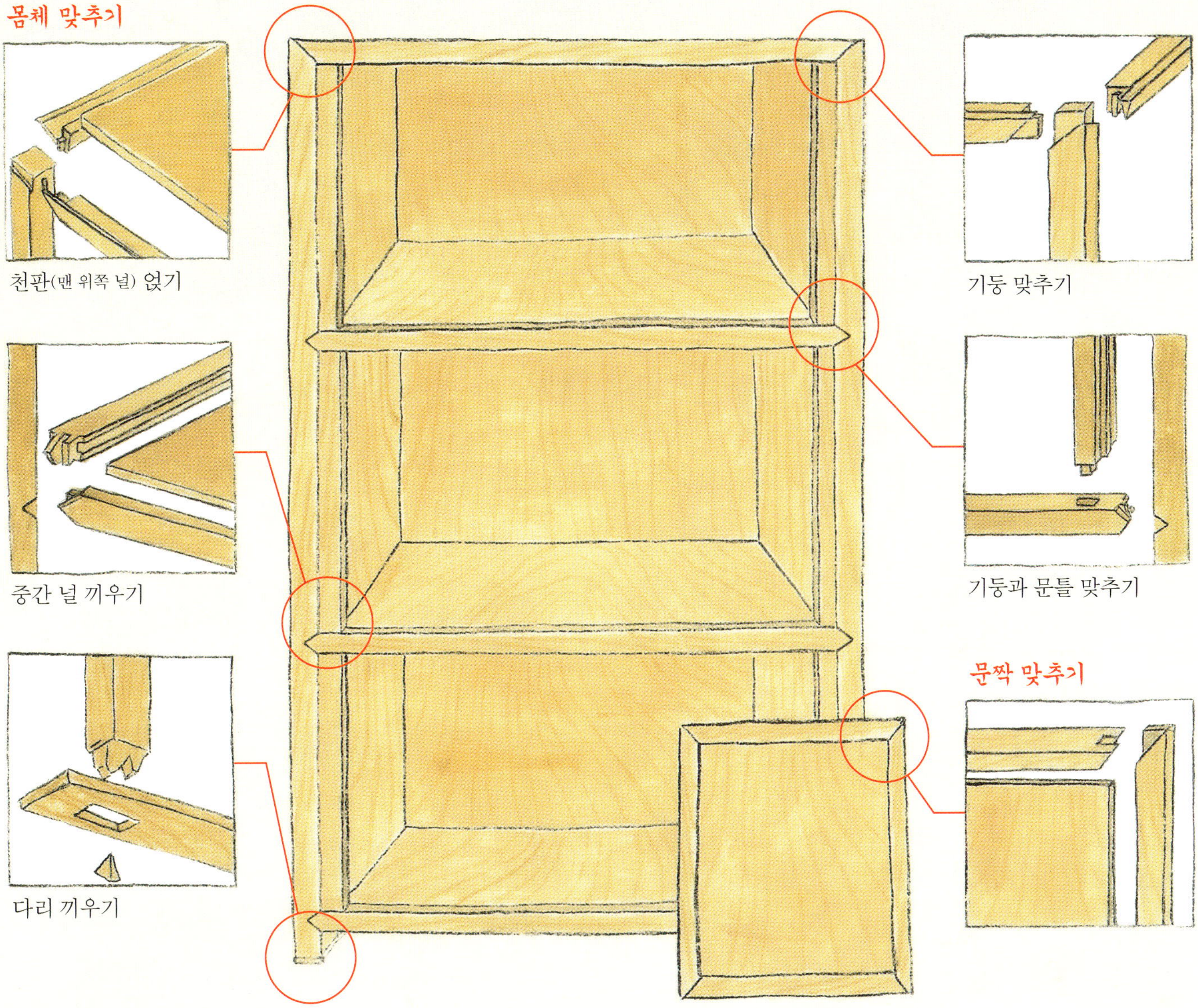

천판(맨 위쪽 널) 얹기

중간 널 끼우기

다리 끼우기

기둥 맞추기

기둥과 문틀 맞추기

문짝 맞추기

짜 맞추기
마름질한 목재를 서로 짝을 맞추어 꼭 맞물리도록 끼운다.
나무는 숨을 쉬니 쇠못은 쓰지 않는다.

끌

톱

끌

개탕(홈을 팔 때 쓰는 대패)

화각 삼층장의 뼈대가 완성되었습니다.
문짝도 달지 않고 칠도 하지 않았지만
이음새와 짜 맞춤이 빈틈없고 반듯합니다.
뼈대가 든든하니 아무리 세월이 흘러도
흔들리거나 틀어지지 않을 거예요.

각질장, 소뿔로 각지를 만들다

각질장도 일을 시작합니다. 좋은 소뿔을 골라서
종잇장처럼 얇고 납작한 각지를 만들 거예요.
각지는 소뿔로 만든 종이라는 뜻입니다.
각지를 만들려면 소뿔을 삶고 자르고 말리고,
다시 굽고 펴고 깎고 갈아야 해요.
품도 많이 들고 시간도 오래 걸리는 일입니다.

소뿔 고르기
세 살에서 다섯 살 사이 젊은 수소의 뿔이
곧고 투명하여 좋다.
이런 뿔을 고추뿔이라 부른다.

소뿔 삶기
소뿔을 큰 솥에 넣고 서너 시간
푹 삶은 뒤 뿔 속을 빼낸다.

박 타기
소뿔을 뿔방망이틀에 고정시키고
톱으로 소뿔의 꼭지를 자르고 배를 가른다.

말리기
배를 가른 소뿔은 그늘에서 잘 말려
이 년 정도 묵혀야 쉽게 갈라지지 않는다.
따라서 각지를 만들려면 미리미리
소뿔을 준비해 두어야 한다.

뿔방망이틀(소뿔을 고정시키는 나무로 만든 틀)

소뿔 손질

소뿔

뿔 속을 빼낸다.

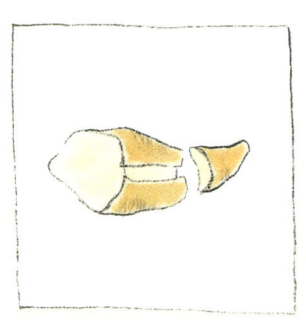

꼭지를 자르고 배를 가른다.

잘 말려 이 년 동안 묵힌다.

각지 만들기

소뿔을 숯불에 굽는다.

무거운 철판으로 눌러 식힌다.

앞면, 뒷면을 깎는다.

완성된 각지

굽기
묵혀 둔 소뿔을 참나무 숯불에 돌려 가며 고르게 굽는다.

펴기
구워서 말랑말랑해진 소뿔을 집게로 잡아 펴고 발로 밟아 평평하게 만든다.

황새집게
(집게 끝이 납작하고 손잡이가 긴 쇠 집게)

누르기
소뿔이 다시 휘어지지 않도록 차가운 철판으로 눌러 완전히 식힌다.

누름쇠판

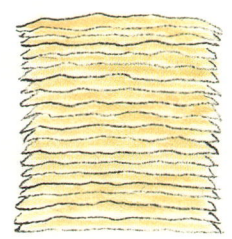

갈기
칼과 끌로 소뿔의 앞면과 뒷면을 고르게 깎고 얇게 간다. 소뿔은 깎을수록 맑고 투명해진다.

칼 끌

괴귀, 갈기칼
(소뿔을 얇게 깎을 때 쓰는 칼날이 넓적한 칼)

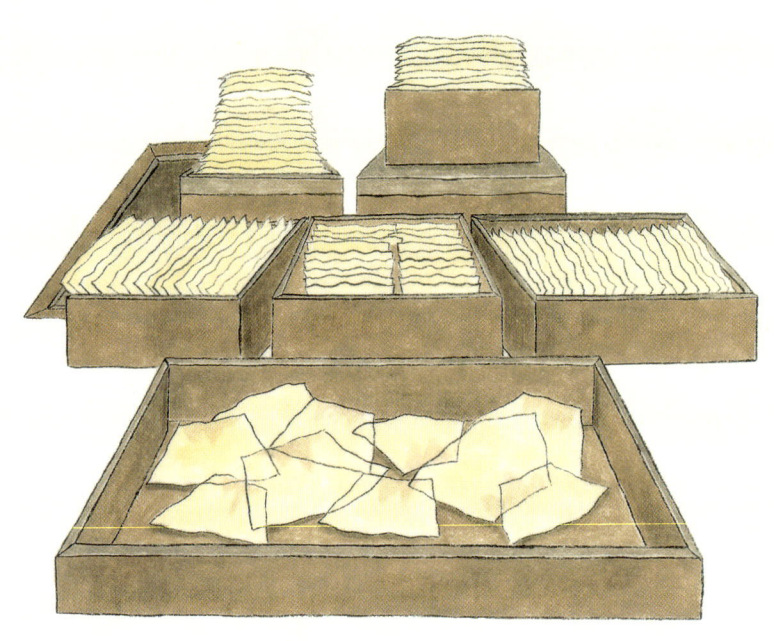

거칠고 둥근 소뿔이 부채꼴 각지가 되었습니다.
소뿔 하나에 각지도 딱 한 장입니다.
한 장, 두 장, 석 장, 넉 장, 다섯 장, 여섯 장……
얇고 판판한 각지가 수백 장 차곡차곡 쌓였습니다.

화원, 각지에 그림을 그리다

화원은 그림 그릴 준비를 합니다. 무엇을 그릴지,
어떻게 그릴지는 벌써 다 생각해 두었습니다.
먼저 종이에 밑그림을 꼼꼼하게 그리고 나서,
각지 한 장, 한 장에 모두 옮겨 그리고
오색 고운 빛깔로 색칠할 거예요.

각지 수 계산하기
삼층장에 금을 그어 붙일 각지 수를 계산한다.

작두(날을 위아래로 움직여서 물건을 자르고 써는 도구)

인두(불에 달구어 쓰는 작은 다리미)

각지 자르기
필요한 크기와 개수에 맞추어 각지를 반듯하게 자른다. 각지를 인두로 살짝 다려 부드러워진 다음에 잘라야 갈라지지 않는다.

도면 그리기

종이에 삼층장의 도면을 그린다.
장에 입힐 각지의 크기와 수도
정확하게 그린다.

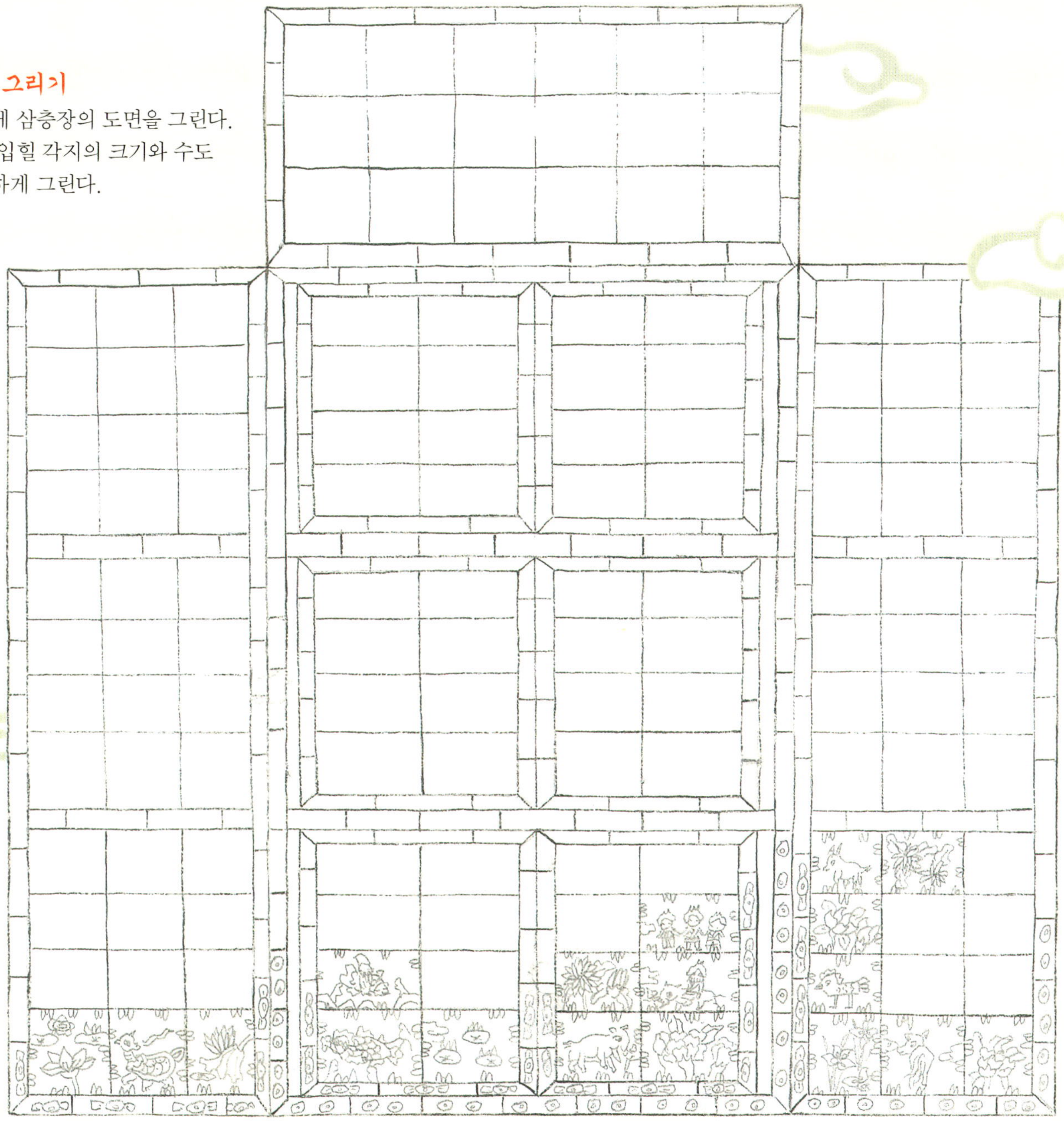

밑그림 그리기

도면 위에 진한 먹으로 밑그림을 그린다.
그림은 복을 빌고 행운을 뜻하는 무늬를 많이 그린다.

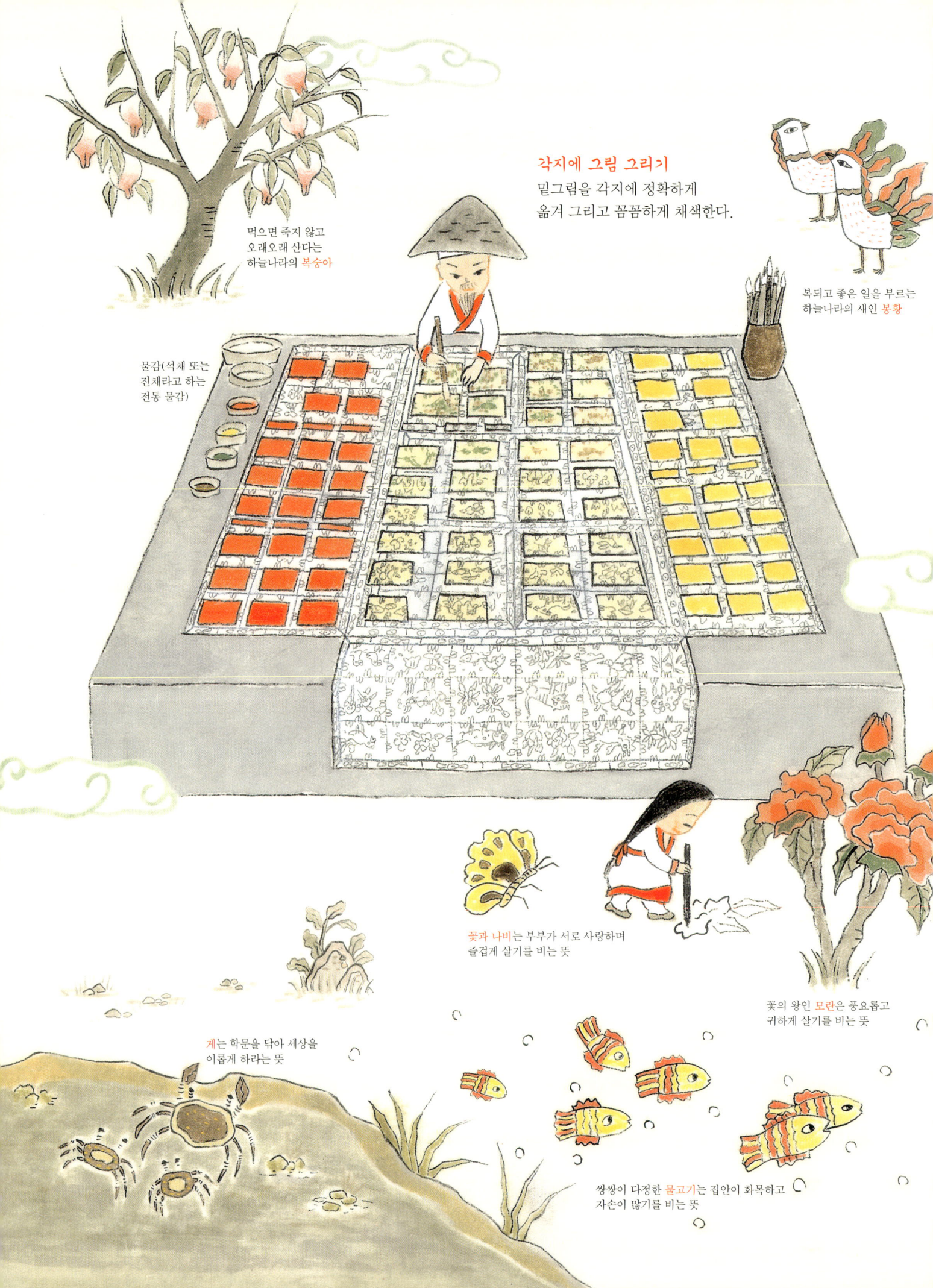

각지에 그림 그리기
밑그림을 각지에 정확하게 옮겨 그리고 꼼꼼하게 채색한다.

먹으면 죽지 않고 오래오래 산다는 하늘나라의 복숭아

복되고 좋은 일을 부르는 하늘나라의 새인 봉황

물감(석채 또는 진채라고 하는 전통 물감)

꽃과 나비는 부부가 서로 사랑하며 즐겁게 살기를 비는 뜻

꽃의 왕인 모란은 풍요롭고 귀하게 살기를 비는 뜻

게는 학문을 닦아 세상을 이롭게 하라는 뜻

쌍쌍이 다정한 물고기는 집안이 화목하고 자손이 많기를 비는 뜻

윤곽선 그리기 종이 위에 각지를 올려놓으면 밑그림이 비쳐 보인다.
먹으로 윤곽선을 꼼꼼하게 옮겨 그린다.

색칠하기 먹선이 마르면 세밀한 부분부터 차근차근 색칠한다. 색상은 흰색부터 칠한다.

바탕 칠하기 색칠한 것이 마르면 넓적한 붓으로 빨강과 노랑 두 가지
배경 색을 각지 전체에 덧칠한다.

뒤집기 각지를 뒤집으면 뒷면에 그림이 나타난다.
뒷면에 그렸기 때문에 좌우가 바뀌어 보인다.

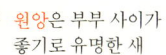
원앙은 부부 사이가
좋기로 유명한 새

연꽃은 화목한 부부와 행복을 상징

각지 한 장, 한 장에 모두 복을 부르고
행운을 비는 고운 그림이 그려졌어요.
그림이 그려진 각지이니 화각지입니다.
오색 그림이 맑은 각지에 비쳐 보이니
화사하면서도 은은하여 더욱 아름답습니다.

각질장, 삼층장에 그림 옷을 입히다

화각지를 삼층장에 붙여 옷을 입힐 차례입니다.
각질장이 화각지를 한 장씩 삼층장에 올리고
불에 달군 인두로 조심조심 눌러 붙입니다.
화각지 사이사이에는 가느다란 소뼈 오리를 박아
정갈하게 마무리합니다.

부레풀 만들기
민어 부레를 약한 불에 오래 끓여 부레풀을 만든다.
탄력이 좋아서 공예품에 많이 쓰인다. 어교라고도 한다.

풀 바르기
화각지의 색칠한 면과 삼층장 표면에 부레풀을 얇게
바르고 말린다. 풀칠과 말리기를 여러 차례 반복한다.

화각지 붙이기
화각지를 삼층장 겉면에 대고 인두로 잘 눌러 붙인다.
인두가 너무 뜨거우면 화각지가 탈 수 있으니 조심해야 한다.

계선 만들기

 소뼈를 삶아서 말린다.

 실톱으로 납작하게 켠다.

 소뼈에 가늘게 금을 긋는다.

 실톱으로 실오리처럼 가늘게 켜서 긴 소뼈 오리를 만든다.

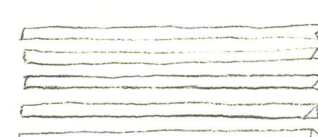 홈에 박기 좋도록 소뼈 오리 옆면을 갈아 단면을 세모꼴로 만든다.

실톱(실같이 가는 톱으로 도안에 따라 정교하게 오릴 때 쓴다.)

줄(쇠 따위를 쓸거나 갈 때 쓰는 연장)

홈 파기

화각지와 화각지 사이 경계에 톱질을 하여 홈을 판다.

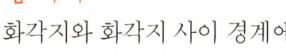

계선 박기

홈에 부레풀을 바르고 소뼈 오리를 조심스럽게 박아 넣는다.

갈기

갈기칼로 표면을 고르게 긁어 깎는다. 각지가 얇을수록 그림이 맑게 비친다. 어피환이나 숯으로 표면을 매끄럽게 갈아 마무리하고 간장으로 닦아 윤을 낸다.

숯   갈기칼

어피환(나무토막에 상어 껍질을 씌운 것으로 각지 표면을 갈 때 쓴다.)

삼층장이 아름다운 그림 옷을 입었습니다.
화각지 한 장, 한 장도 아름답지만
다 같이 어우러져 있으니 더욱 아름다워요.
화각지 사이에는 하얀 선이 둘러져 있어
그림도 한결 돋보이고 모습도 단정합니다.

칠장, 삼층장에 옻칠하다

화각지를 붙이지 않은 삼층장의 안쪽과 뒷면에
칠장이 옻칠을 합니다. 나무에 옻칠을 하면
벌레가 꼬이지 않고 습기도 차지 않아요.
오래도록 나무의 본디 모습을 지킬 수 있지요.
옻칠은 칠하고 말리고 갈아 내기를 여러 차례
반복하는 까다로운 작업입니다.

수액 모으기
옻나무에 흠집을 내어 끈끈하고 하얀 수액을 받아 모은다. 잘못 만지면 옻독이 올라 온몸이 가려우니 조심한다.

찌꺼기 거르기
옻나무 수액에 섞인 나무껍질 따위 찌꺼기를 삼베로 걸러 낸다. 이 수액을 생칠이라 부른다.

고무래
(T자 모양의 도구로 생칠을 섞고 저을 때 쓴다.)

고무래질
햇볕이 쨍쨍할 때 고무래로 저으며 수분을 날려 보낸다. 뿌옇던 생칠이 투명한 갈색 정제칠이 된다.

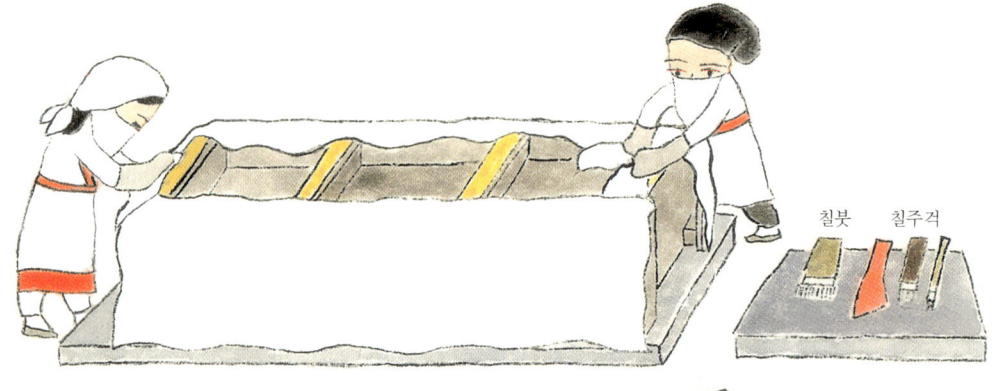

초칠 하기
화각지를 붙이지 않은 나무 표면을 고르게 다듬고 칠한다. 초칠은 칠이 나무에 잘 흡수되도록 돕는다.

옻칠의 종류와 칠하는 순서

찌꺼기를 걸러 낸 옻나무 수액

고무래질을 마친 정제칠

먼저 정제칠로 애벌칠을 한다.

장에 넣어 말리기
먼지가 앉지 않도록 장에 넣고 말린다.
옻칠은 습기가 많고 온도가 높아야
잘 마른다.

황토칠 하기
정제칠에 고운 황토와 물을 잘 섞어 칠한다. 황토칠은 나무의 틈새를 메워
표면을 매끄럽게 한다.

정제칠에 황토와 물을 섞어 칠한다.

중칠 하기
칠이 마르면 표면을 평평하게 갈아 내고 다시 칠한다. 몇 차례 반복한다.

정제칠로 반복하여 칠한다.

정제칠로 마무리 칠을 한다.

상칠 하기
먼지가 묻지 않게 마무리 칠을 하고, 숯가루와 콩기름을 묻힌 솜으로 문질러 윤을 낸다.

삼층장의 안쪽과 뒷면에 정성 들여 옻칠을 했어요.
구석구석 빈틈없이 깔끔하게 칠했습니다.
옻칠은 삼층장을 오래도록 변치 않게 해 줄 뿐 아니라
세월이 흐를수록 색이 맑아져 나뭇결도 더욱 곱게
피어납니다.

두석장, 이음쇠와 자물쇠를 만들다

두석장이 삼층장의 몸통과 문을 튼튼하게 이어 줄
이음쇠를 만듭니다. 소중한 물건을 지켜 줄 자물쇠도요.
두석장은 황금빛 나는 놋쇠로 튼튼하고 멋스러운
나비경첩과 나비자물쇠를 만들 거예요.

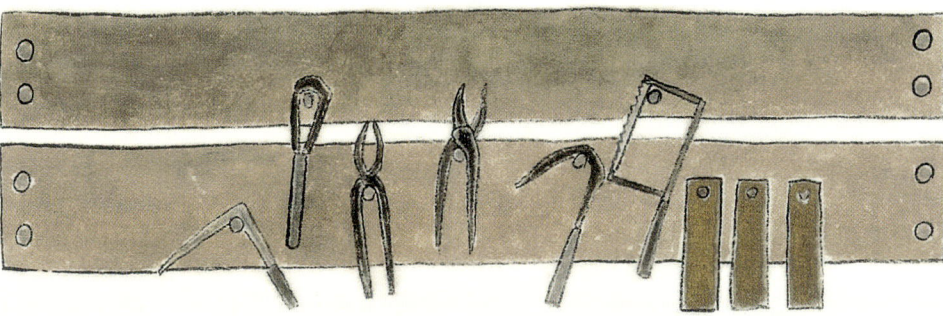

쇳물 붓기
도가니에 구리와 아연을 녹여 거푸집에 부어 굳힌다.

두드려 펴기
놋쇠 막대를 모루 위에 놓고 망치로 두드려 늘린다. 이렇게 놋쇠 막대를 두드려 펴면 결이 곱고 강한 황금빛 놋쇠 판이 된다.

나비경첩 만들기

거푸집에서 꺼낸 놋쇠 막대

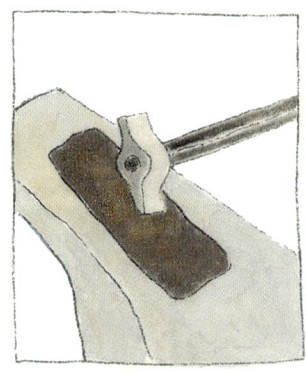

놋쇠 막대를 망치로 두드려 넓게 편다.

불에 넣고 불려 가며 두드린다.

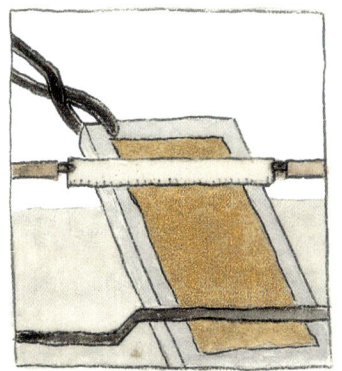

놋쇠 판을 깎칼로 매끈하게 깎는다.

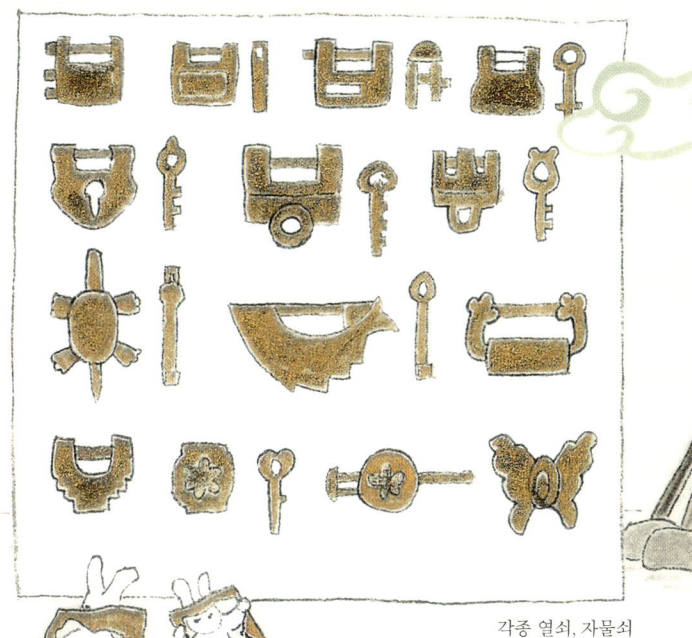

각종 열쇠, 자물쇠

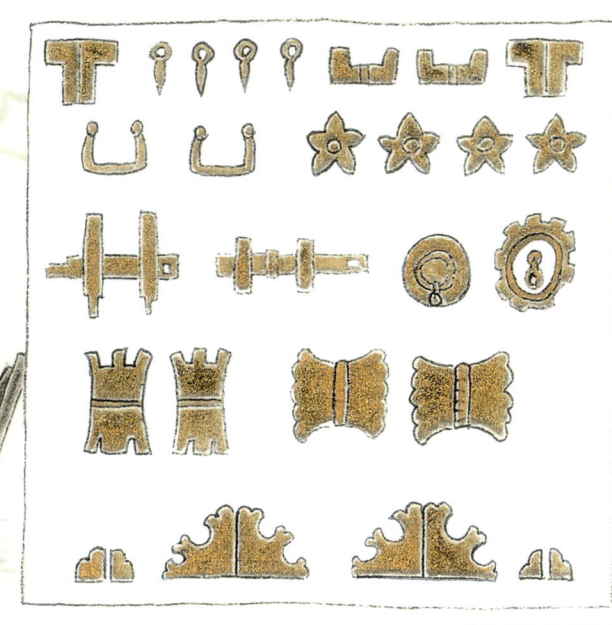

각종 이음쇠, 고리, 못

모양 오려 내기

놋쇠 판에 칼로 금을 그어 나비 모양을 그린다. 칼금에 따라 정을 대고 망치로 쳐서 떼어 낸다. 실톱으로 오릴 수도 있다.

정(손으로 쥐어 대고 망치로 쳐서 구멍을 뚫거나 쪼아 다듬는 연장. 글씨나 무늬를 새길 수도 있다.)

깎칼

닥달망치

정

실톱

정을 대고 쳐서 모양대로 떼어 낸다. 못 구멍도 만든다.

닥달망치로 판판하게 두드리고 가장자리는 줄과 칼로 매끈하게 다듬는다.

맞물릴 부분을 모서리에 대고 망치로 두드려 둥글려서 코를 만든다.

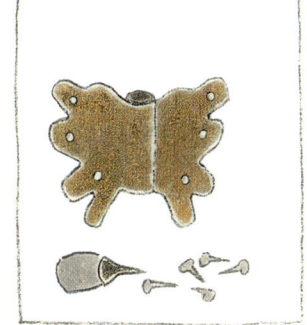

코를 서로 맞물려 심을 넣고 경첩이 제대로 움직이는지 확인한다.

화각 삼층장의 몸통과 문을 튼튼하게 이어 줄
이음쇠와 자물쇠가 완성되었습니다.
질그릇 가루로 닦아 반짝반짝 윤이 납니다.
화각 삼층장에 나비경첩을 달면 문을 여닫을 때마다
황금빛 나비가 반짝반짝 날갯짓을 할 거예요.

화각 삼층장을 완성하다

소목장, 각질장, 화원, 칠장, 두석장,
다섯 장인이 다 같이 한자리에 모였습니다.
이제 화각 삼층장에 이음쇠와 자물쇠를
다는 일만 남았습니다.
봄, 여름, 가을, 겨울, 그리고 다시 새봄,
일 년 내내 공들인 작품이 곧 완성됩니다.

토독, 토독, 톡, 톡, 톡.
각질장이 조심스레 못을 박습니다.
모두들 숨을 죽이고 기다립니다.
자칫 잘못해서 각지가 갈라지면 큰일이니까요.
토독, 토독, 톡, 톡, 톡. 톡!
나비경첩이 화각 삼층장의 몸통과 문짝을
튼튼하게 이었습니다. 문을 열었다 닫으니
황금빛 나비가 날개를 팔락입니다.
나비자물쇠도 얌전하게 제자리를 잡았습니다.

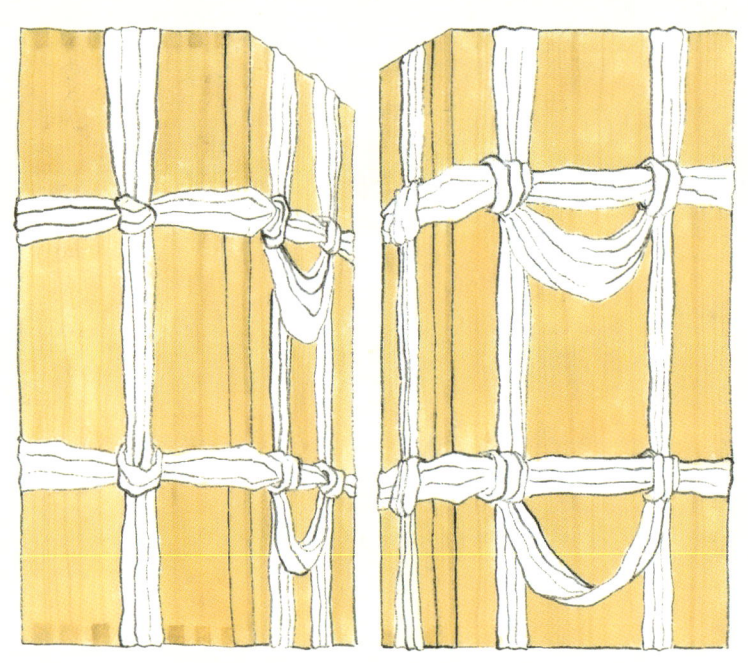

어느 것 하나 소홀한 것이 없습니다.
모두들 입가에 미소가 번집니다.
다섯 장인이 솜씨와 정성을 다해 만든
아주 특별한 물건이 주인을 찾아갑니다.

복사꽃 피는 날

새색시가 꽃가마 타고 시집으로 갑니다.
정든 고향집을 떠나 새살림을 꾸리러 갑니다.
꽃가마 뒤로 다섯 장인의 정성과
고이 기른 외동딸이 부디 잘 살기를 바라는
아버지의 마음이 담긴 선물도 따라갑니다.
새색시처럼 고운 그림 옷을 입은
화각 삼층장입니다.

화각공예 이야기

소뿔에 그림을 그려 치장하다

▲ 화각 가께수리
작가 지혜라가 직접 만든 작품으로 1999년 대한민국전승공예대전 수상작이다. 가께수리는 귀중품을 보관하는 작은 가구로 여닫이문 안에 서랍이 여럿 달려 있다. 작가 소장.

🌸 이 책은 우리나라 전통 가구인 화각 삼층장을 만드는 과정을 다루었습니다. 화각 삼층장은 좋은 목재를 골라 튼튼하게 짜 맞추고, 옻칠을 하고, 이음쇠와 자물쇠로 장식한 것은 다른 삼층장과 같지만, 화각 기법으로 겉면을 치장했다는 점에서 차이가 있어요. 화각은 한자로 '華角' 또는 '畵角'이라고 쓰는데 '화사한 그림을 그린 뿔'이라는 뜻이지요.

화각공예는 소뿔을 종잇장처럼 얇게 만들어서 그림을 그린 뒤에 그림이 소뿔에 비쳐 보이도록 뒤집어서 나무 공예품에 붙여 치장하는 기법입니다. 소뿔의 뒷면에 그림을 그렸기 때문에 색상이 은은하면서 그림이 벗겨지지도 않고 소뿔의 광택도 즐길 수 있어요.

🌸 우리나라 전통 공예는 대부분 정갈하고 단아합니다. 특히 가구 같은 목공예품은 질박한 나뭇결을 그대로 살리는 것이 특징이지요. 하지만 화각공예는 화려한 채색 그림을 이용한다는 점에서 특별해요. 게다가 다른 나라에서는 찾아보기 어려운 우리나라만의 고유한 공예 기법이랍니다.

우리 조상들이 언제부터 화각공예를 했는지는 정확하게 알 수 없습니다. 화각에 대한 문헌 기록은 조선 후기부터 등장합니다. 남아 있는 유물은 조선 후기나 그 이후에 만들어졌고요. 하지만 소뿔은 습기를 빨아들이고 외부 충격에 쉽게 손상되므로 사계절 온도 차가 심하고 여름이 습한 우리나라 기후에서는 오래 보존하기 어려

▼ 화각 빗접
빗접은 머리를 빗거나 장식하는 데 쓰는 도구를 보관하는 함이다. 화각으로 겉면을 장식하고, 소뿔로 만든 흰 띠로 면을 나누고 가장자리를 둘렀다. 봉황, 사슴, 학, 소나무, 매화를 비롯한 여러 꽃무늬를 그렸다. 조선 후기. 국립중앙박물관 소장.

워요. 또한 통일신라 때부터 바다거북의 등딱지인 대모를 얇게 갈아서 뒷면에 색칠하여 공예품에 붙여 장식했다고 하니, 대모 대신 소뿔에 채색을 하는 화각공예가 고려 시대나 조선 전기에 등장했을 가능성도 있어요. 그러다가 서민 문화와 민화가 발달한 조선 후기에 크게 발전했을 수 있지요.

▼ 각지에 그림 그리기

❶ 각지, 계선, 물감

❷ 밑그림과 채색

❸ 배경 색 덧칠하기

❹ 완성된 화각지

❺ 나무판에 붙인 화각지와 계선

◀ 화각 함
옷이나 물건을 넣어 두는 함이다. 바닥을 뺀 겉면 전체를 화각으로 감싸고, 금속 고리를 달아 잠글 수 있도록 하였다. 연꽃과 소나무를 비롯하여 거북, 용, 물고기, 사슴, 노루, 호랑이, 코끼리, 토끼 등이 그려져 있다. 19세기 말에서 20세기 초에 제작된 왕실용 물품이다. 국립고궁박물관 소장.

❀ 화각공예는 색깔이 화려하고 그림이나 무늬가 자유분방한 민화풍이라서 여성들이 쓰는 물건이나 가구에 많이 쓰였어요. 유물로는 머리빗·실패·자·반짇고리·베갯모와 같은 소품이 많고, 옷가지나 패물을 담는 함을 비롯하여 경대·빗접·버선장·머릿장 같은 작은 가구가 있어요. 필통·벼룻집·붓대 같은 문방구도 있고요. 재료가 귀할 뿐 아니라 각지 크기에 한계가 있으니 아무래도 작은 물건이 많습니다.

❀ 그림은 민화에 자주 등장하는 십장생이나 구름, 박쥐, 원앙, 모란, 연꽃, 나비와 같은 장식무늬를 많이 그렸어요. 이 그림들은 아름답기도 하지만 복을 빌고 장수를 기원하는 뜻을 담고 있지요. 색상은 흰색·검정·빨강·노랑·녹색·자주색 계통을 주로 쓰는데 흔히 오방색이라 부르는 원색뿐 아니라 미색이나 연분홍·수박색·연두색처럼 연한 색도 많이 썼어요. 금색을 쓰기도 했고요. 바탕은 빨강을 주로 쓰고 쌍으로 짝을 맞출 때는 빨강과 노랑 두 가지로 했습니다.

❀ 화각공예는 공정이 까다롭고 섬세하며 품도 많이 들어요. 이 책에서는 여러 장인이 일을 나누어 했지만, 요즘은 소뿔을 깎아 각지를 만드는 일부터 각지에 그림을 그리고 붙이는 작업까지를 한 사람이 맡아 합니다. 물론 가구를 짜거나 자물쇠나 이음쇠를 만드는 일은 다른 장인들이 하지요.
이렇게 화각 공예품을 만드는 장인을 화각장(華角匠)이라고 부릅니다. 화각공예는 화각으로 꾸민다는 뜻으로 화각장(華角裝) 또는 화각장 공예라고도 부르며 우리나라 중요무형문화재 제109호입니다.